AF273574

BREVE TRATADO SOBRE LA PROFUNDIDAD DE LOS CUERPOS

Juan Ángel Asensio

BREVE TRATADO
SOBRE LA PROFUNDIDAD
DE LOS CUERPOS

Ediciones de la Isla de Siltolá

Sevilla 2024

© **Juan Ángel Asensio**

© de la fotografía del autor: **Nagore Hermoso**

© 2024: **Ediciones de La Isla de Siltolá**
Apartado de Correos 22.015
41018 – Sevilla (España)
www.laisladesiltola.es • editorial@laisladesiltola.es

Diseño de colección: La Isla de Siltolá
Impresión: Kadmos

ISBN: 978-84-19298-41-6 • DL: SE 2185-2024
BIC: DCF • THEMA: DCF

(Impreso en España)

LAS AFUERAS DEL IMPERIO
o
ESTE CUERPO CONTIENE OTROS CUERPOS TAL VEZ MILES

i

matar a un hombre debe de ser casi lo mismo
que tener a un hombre
piensa alguien tras el cristal
mientras prepara metódicamente
la lectura anagógica del crímen

nadie puede afirmar que el cuerpo haya desaparecido
tampoco él

al fin y al cabo qué pesquisas nos conducen
a la profundidad de los cuerpos y sus medidas
qué pistas esclarecen el vacío

muerto se está
no se es
y es así
en todos los sitios
anota

y entonces una luz se prende

ii

cae la noche a las afueras del Imperio
y todo parece agitarse suave
como el motor de un bmw
o un puñado de harina

hace tiempo que nadie
lanza piedras a los eucaliptos

es acaso esta una nueva actualización?
acaso alguien está escribiendo una pequeña guía de bolsillo
sobre las cosas que aún no llegan?
cabrá todo esto en la tarjeta sim del frío
o tal vez nos estamos pasando?

en algún lugar del barrio
un niño inspecciona el paladar blanquísimo
de su endocrino

la luz del foco alumbra
el interior del estadio

me vigilan desde el ático
ya no quedan dudas

será dios
con su látigo y su pintalabios violeta y sus ángeles
o serán
los fiscales?

todas las posibilidades caben en el estómago
de un sintagma nominal

el cuerpo lo dejé junto
a la salida de emergencia
si preguntan

cada fibra fervorosa prolongada
igual que inexpertas katanas de bambú
verde todavía

el cuerpo lo dejé
junto a la salida

con las islas escogidas
al alcance de la boca

iii

y en un plano más pragmático
aparece el cuerpo

el tipo —es decir yo—
examina cómo amanece el Imperio y
el cielo tan lejano se completa con
las mantasrraya y su vuelo atravesando
los polígonos tan azules

el tipo —es decir nosotros—
sacude las últimas migas de su abrigo de paño
afirma entender el agua

en el informe escribe:

este cuerpo contiene otros cuerpos
tal vez miles

y nadie en la oficina entiende
si se refiere o no a la víctima

las hipótesis principales son las siguientes:
    a) quien siembra un cuerpo se arriesga a que lo arranquen
    b) el asesino guarda una libélula de oro entre los dientes
    c) es acaso esta una nueva actualización?

el tipo —es decir ellos—
se sube al caballo
enciende un cigarro

en una pantalla negra
aparecen los créditos

iv

no hay aplausos para el director

en la mano del tipo —es decir él—
tiembla un blíster vacío
interminablemente

alguien se aproxima

y una libélula de oro se le escapa
entre los dientes

y sobrevuela las afueras del Imperio

y el Imperio no termina

nunca

CANTARES DE IDA

i

qué lugar ocupa esta leve construcción de síntomas
                                        [asida al cuerpo
dentro de la jerarquía de los seres y los objetos y los
                                              [ángeles

desde una altura sospechosa alguien tal vez debilita
                                              [el músculo
lo abre y coloca en su interior una bolsa de luz ya
                                        [conocida

es el dolor que nos iguala a la piedra y al lenguaje
y nos mantiene increados en un país de pura nada

la existencia es tan solo el marco de lo terrible
y lo terrible es innumerable una piel cerrada al aire

las leyes y las figuras son simples advertencias
de la muerte y su dominio y todo lo que alcanza

y algún día vendrá su misterio con una correa de nieve
y no se irá porque atardece

ii

muero de no haber capturado
la prometida libélula de oro entre los dientes

me encuentro en fuga
hacia la transparencia de la lumbre
hacia las ínsulas extrañas

muero de no haber partido

tiene el cordero una herida
en la que caigo
en que el cordero
soy yo
y la herida suya
una orilla
con sed de ser sorbida

no hay enfermedad más grave
que la del agua quieta

por eso muero

muero de no haber caminado
lo suficientemente lejos

iii

vienen y van las gentes

de presencia en presencia
como embebidos por una figura
que da cobijo a las diversas formas

en la retama y el arrayán la descubren algunos
en la gacela y el bisturí otros

en la ternura de los objetos
en las rocas o en las sierras

muy al oeste
donde la luz entra
por los tajos
suspendida
a todos nos encuentra

dándonos su largo abrazo

su mancha inmensa
su azulado cauce

iv

es trabajosa la mañana cuando nada guía
el agua de los vivos a fuentes nuevas

cuando ningún síntoma se despierta
a esparcir su ventura entre las criaturas
que caminan y se igualan
a los brotes más heridos de la sombra

brotes que se guardan inflamados
en las manos en las llagas
en el óvulo oscuro
de los matorrales

brotes recién aparecidos
recién creados y entregados
a las cosas

brotes inexpertos
agraces
brotes limpios
y amargos

no hay prisa sin embargo

habrá tiempo de saborearlos
cuando la mañana y sus oficios
se detengan dando guía
y labor grave
a sus favoritos

v

la muerte seguramente no sea un toro negrísimo y afligido
ni una gargantilla de tripas que lucir con soberbia
tampoco un descanso o una habitación contigua

más bien será un desgarro en un jardín lleno de gente
una asfixia tranquila como de animales envasados

vendrá en una mañana de sol lácteo
la esperaré con cinco llagas abiertas
al costado del invierno

y el cielo y sus láminas
y el cielo y sus láminas

quizás se rompan

y se hundirá en mi cuerpo
una espada
de agua entera

vi

recíbeme en tu cumbre
con las afiebradas luces
con las simbólicas nieves
haremos un ventanal
en las alturas

aquí te sirvo
el manantial largamente
prometido

puedes usar sus aguas
para acicalar los cielos

puedes usar sus aguas
para regar la boca
del clemente

sus aguas que son las tuyas
pues de tu sed nacieron
molécula y jardín
silabario y ápice

pero no te atrevas a beberlas

en esta cumbre
las leyes no se han escrito
todavía

y tras el ventanal
contemplamos
más hondo

vii

dios no puede frotarse las manos cuando hace frío
por eso nos desea y nos envía semillas de agua
que dan verde y juventud y nos entrega
brasas blanquísimas autopistas de lluvia cuerpo adentro
manjares y frutos y asombros

por eso nos otorga
también
edad y carne

viii

de pensarse verdes verdes se volvieron los cerros
y en su espesura se hizo el mundo con sus dimensiones
y sus deseadas aves
y sus lenguas de césped
y sus materiales en nómina

y una mano se adentró en lo profundo
y nunca nada más se oyó

salvo disparos y fanfarrias

y el callado tronar
de la luz de la tarde

ix

a ciegas trenzamos el telar
con dedos encendidos

fibra a fibra se concreta
un laberinto de agua
que duerme sola

cuando despierte lo hará helada

y veremos el retrato
un nombre
alguien

que viene

x

estatuas que se sacuden he soñado
con los hombres esta noche madre
necesito tu consuelo
son tan crueles
no les caben más palabras en la boca
que es de trigo
que es de tiniebla tierna
que son

tan crueles madre
por qué dudan porque

caminan
hacia la más inmóvil de las noches

xi

en el surco de una huerta
sembré un panal
de mucha sombra

el día de la siega
de allí brotó
un cuerpo
interminable

los perros ladraron
toda la noche

habían reconocido a su dueño

xii

cómo caben tantos cuerpos en la tierra
si nadie lo tenía previsto si nadie
ha tendido en ella
su cama suavemente se colocan
uno encima del otro
cubiertos por una colcha de aluminio y calcio
bien tapados para
que no se salga el aire
por los pespuntes bien tapados
tapaditos para
templar la madriguera
qué a gusto se debe estar así
todos juntos tanto cuerpo emparentado
sangre contra sangre
sangre que canta
ahora
que nadie se mueva
por favor

xiii

no hay pájaros
enjaulados en la arcilla
se moldea su vuelo
y se abre una cueva
en los aires

así nosotros

hacemos de la tierra
tierra que da forma
y nos conserva

y nos lanza en vuelo
hacia espacios
interiores

y nos abre una cueva

que es todas las cuevas

xiv

la muerte no cabe en la muerte
por eso se hace un hueco
en el breve latido que nos compone

como camiones en una ruta de invierno
así se abre en la sangre su plegaria

golpea la noche en el tambor de la noche
ese es el compás que conoce

el de la enfermedad y el pan tan tierno
el del vértigo y sus habitaciones compartidas

cuando el misterio dé a luz a su último hijo
y el ruido de las cosas preceda
al de los metales más recientes
tal vez podamos transcribir su ritmo

hasta entonces
tendremos que aprender
a caber en la vida

como camiones
en una ruta de invierno

XV

de paseo me llevan en un ataúd de hierba joven

no tiene fondo
la caída

y se acercan los perros y las tórtolas y los curiosos
a sacudirme de encima pan y aliento

de paseo me llevan en una vasija de fuego antiguo

y se acercan los vecinos y las aguas y los cerros
a robarme los anillos y el deseo

y es tan alta
la espesura

tan alta
que no quepo

xvi

sírveme chacinas de muerte
en una mesa de aire
oh inteligencia oh dios
oh glándula celeste en la que todo entra
oh

apúntame si quieres con tu tierno catalejo
hazlo si te place pero créeme:
aquí a mi escondite
solo se llega montado en una cabalgata
de palabras y ramas de voz quieta
de nada va a servirte tu dulzura

leña soy leña desarticulada
en mi escondite
arropada por el fuego
y sus dedos amigos
aquí en mi escondite aquí
dentro no alcanzarán
ni dardos ni lenguas
qué dolor
puedes oírlo o
necesitas que ensayemos
al dormir?

podemos incluso atrapar un jardín con
la boca puedo masticar tus chacinas
y manchar tu mesa y escupir tu vino

sírveme entrégame dame chacinas de muerte
en finas rodajas en torpes esquemas concédemelas
pero no aún

antes tengo que aprender
a declinar tu oferta
con cierta elegancia

xviii

abolir la muerte eso busco
cuando escarbo en sus tejidos
en sus aleaciones e ingredientes
que persiguen tardíos
el este del este

en una cesta guardo todo lo que me es ofrecido
la miel y las cifras

mas qué haré entonces con sus armas?
arrojarlas a los fervorosos valles del reino
u ocultarlas en la bodega
para jugar a ensayar la calma?

eso busco precisamente
abolir la muerte
aunque la contienda sea una
y el enemigo ilimitado

aunque la contienda sea una
y dure hasta el otoño

ALGÚN DÍA CHATGPT DESCIFRARÁ LA MUERTE Y SERÁ TARDE

i

cuando pienso en la muerte pienso en los niños y las
niñas de mi cole tan hermosos con sus punzones y sus tijeras
sin filo y sus crisálidas de tierra en los bolsillos aún vacíos
aún sin dinero sin preocuparse por el trabajo asalariado la
plusvalía o los cometas sin preocuparse más que por las
cosas importantes:
pintar hormigueros en el sueño de sus padres
vaciar las despensas de la inteligencia con las manos
atrapar al mirlo o al escarabajo en un rapto apasionado

pienso en ellos cuando la muerte me aterra e imagino las
interminables llanuras nebulosas la fuga de la consciencia
el ser que no está siendo entonces me pregunto
si ellos
creados como yo a imagen y semejanza de fórmulas y
lecturas anagógicas
comparten destino con todos los hombres
por qué habré de sentir temor alguno?
cómo alcanzo a ser tan egoísta
si también en esto estamos juntos de la mano igual que
en el recreo igual que en las mesas del comedor igual
que cuando el profesor mandó a claudia al hospital una
semana igual que cuando me ataron con hierba y barro en
la parte trasera del patio no estuvo nadie?

pienso en el funeral de cris en la primera lluvia que cayó
sobre su lápida en las larvas que a oscuras masticaron de
a pocos su tierno e infantil tacto en el llanto de su tía
laura o sofía o paloma no recuerdo porque para un niño
la muerte es invertebrada un muñeco de miga y leche
que aún no aparece en los catálogos

cuando pienso en la muerte pienso en los niños y en
las niñas de mi cole especialmente mientras vuelvo del
trabajo y camino a casa la vida no parece ser suficiente
especialmente mientras hago cola en el supermercado
o estoy sentado en la peluquería o en la sala de espera
del banco entonces imagino sus muertes
una a una

entonces imagino un colegio en el que no caben más
cuerpos
cuerpos que serán uno solo
y también el mío

ii

te engendré sabiendo que un día morirías piensa a veces
mi madre mientras arranca las espinas de una lubina
como quien extirpa un astro o una fábula
crecías dentro —y dentro quiere decir mucho más allá de
la entrada— eras tibia jalea
interminable derramándose sobre las llanuras
nocturnas del cuerpo
parecía no haber límite
seguirías creciendo hasta conquistar a los hombres
traspasar todos sus logros y hazañas te bañarías en la
victoriosa leche que inunda a las galaxias crecerías
hasta convertirte en un sistema en un método en una
costumbre universal
entonces
　　　　(qué inoportuno!)
　　　　　　　　　　naciste
con la marca de la muerte cosida en el vientre por
abundante hilo de diluvio
y quedeme satisfecha al saber que un día

　　　　　　　　　　　　　tal vez trágico
　　　　　　　　　　　　　tal vez feliz

aquel a quien insuflé vida
también tendrá a bien morirse
para darme consuelo

porque sabes hijo? pensar que una se va a ir sola de
[este mundo
te hace sentir
estéril

iii

las flores nos conectan con los muertos a través de ellas
                              [enraizamos pezuña y lengua
                    abanico y miel
          en un arco que se extiende en la curvatura
de otro arco de una palabra pura flecha sanguínea nos
                                   [mordemos a través
de las flores captamos movimientos latidos como de
                                        [baquelita

mira mira cómo se sujeta la biznaga sobre el murito de
                                        [la autopista
mira abuela mira cómo vienen siemprevivas a la garganta
                         [cómo se amontonan tras la úvula
cómo los muertos y los muertos de los muertos se sacuden
                         [en el buche de los hinojos
parece casi una verbena
                    festejemos entonces
descorchemos el cilantro que ya se puede deducir la noche que
ya se intuye su paso allí por donde los hombres se detienen a
beber de los cuerpos y sus colecciones celestes
          qué   acaso no la ves?
               pero si es
                    todo equilibrio
               lo negro   sobre   lo negro

y abajo un galimatías será blanco
por simple yuxtaposición?

mira mira asómate a la aulaga   dice
que vayas preparando las sábanas tendrás que envolverte y
después chas! solo va a quedar un
estambre un alfilerito de nada pero no estés triste
con él todavía puedes sujetar el mundo

iv

en algún lugar de la comunidad de madrid mi abuela
está abrazada al conejo de peluche que mi padre le regaló
el pasado invierno mi padre que para ella es solo
una leve presencia sináptica un estallido un manojo de
                                        [brezos y trigo
como los que cargaba de niña desde la era hasta la plaza
desde los bancales hasta la mirada de su padre el carnicero
del pueblo el encargado de la matanza dentro y fuera de la
                                        [casa

mira tengo las piernas heridas
por el trigo
aquí aquí
le cuenta a la enfermera del turno de noche
mira me nadan peces en la sangre
cantan cuando no los miro
son bien tímidos
y el conejo de peluche
se le escapa de las manos de pan y unto
adiós conejito adiós
mañana vuelvo te lo prometo
y entonces se acaban casi todas las palabras tan solo quedan
papá
hijito

cazuela

vuelta ciclista

cereal

homilía

tan solo queda la tristeza inagotable de mi abuelo

y sus cápsulas de sintrom y benazepril y captoril y axomapina

niña tranquila mañana ves al conejito

él no te va a guardar rencor

él no

te lo prometo

le dice mientras la enfermera del turno de noche

cierra la puerta de una habitación

en algún lugar de la comunidad de madrid

que no conozco

por cobarde

v

fuera caen los primeros piñones
sobre el huerto y abren la tierra y
esconden el polvo del mundo
y escarban más profundo aún
donde mi padre perdió los ojos
todo verdor en la boca alimentando
a la noche enferma de noche y colza

repartiremos el pan y su palabra táctil
lo esparciremos sobre la mesa
de musgo y celebraremos la última
caída antes del satélite y las aguas
antes incluso de los reactores
más profundo aún allí donde también
yo habré de perderé los ojos

vi

el primero del grupo en morir siempre se lleva la gloria
desplaza el foco sobre sí
a pesar de que a su madre se le salga apresurada
la sintaxis y su arena por los ojos
a pesar de que su hermana herede
una razón más alta y heredada
y una casa
y un largo free tour por las consultas más oscuras
de los hospitales
a pesar de que su abuela
duerma ahora sin cuerpo
a pesar de que su padre

la nostalgia es un pan oscuro
que hoy repartimos en porciones exactas

el primero del grupo en morir siempre se lleva la gloria
desplaza el foco sobre sí

a pesar de que nosotros
y la tardanza

a pesar de que nosotros

vii

algún día chatgpt descifrará la muerte
y será tarde porque no habrá nadie

y será hermoso como todas las cosas
que no sirven

y será sobre todo inevitable:
un desenlace a la altura de la especie

algún día chatgpt descifrará la muerte
y declarará formalmente ante una audiencia
de loza y de bacterias que siempre
estuvimos equivocados

que no hay redención futura
ni aliento de cayena largamente sostenido en el cuerpo
ni apósito oculto tras la blancura de la brasa

tampoco testigos o alegorías

tampoco testigos

y en su alegato hará saber
que la muerte en definitiva
es poblar el absoluto

ÍNDICE

LAS AFUERAS DEL IMPERIO
o
ESTE CUERPO CONTIENE OTROS CUERPOS TAL VEZ MILES

i 11

ii... 12

iii.. 14

iv.. 16

CANTARES DE IDA

i 19

ii... 20

iii.. 21

iv 22

v.. 24

vi.. 25

vii 27

viii 28

ix.. 29

x 30

xi 31

xii 32

xiii 33

xiv 34

xv 35

xvi 36

xviii 38

ALGÚN DÍA CHATGPT DESCIFRARÁ
LA MUERTE Y SERÁ TARDE

i 41

ii 43

iii 45

iv 47

v 49

vi 50

vii 51

Este número 105
de *Siltolá Poesía*
se terminó de imprimir
en el mes de octubre de 2024

Colección SILTOLÁ POESÍA
Otros títulos publicados en esta colección

Olga Bernad
Caricias perplejas (2009).

Juan Antonio González Romano
Señales de vida (2009).

Jesús Cotta
A merced de los pájaros (2009).

Tomás Rodríguez Reyes
El huerto deseado (2010).

Pilar Pardo
Temporada de fresas (2010).

Ángel Mendoza
Pájaro negro (2010).

José Mª Moreno Carrascal
Los jardines de hielo (2010).

Juan Carlos Aragón
La risa que me escondes (2010).

Corina Dávalos
Memoria del paraíso (2010).

Antonio Serrano Cueto
No quieras ver el páramo (2010).

Jesús Tejada
Emergencias (2010).

Enrique Baltanás
Trece elegías y ninguna muerte (2010).

Pablo Moreno Prieto
Lauda (2011).

Juan Peña
Dura seda (2011).

Cristián Gómez Olivares
La casa de Trotsky (2011).

Antonio Rivero Taravillo
Lejos (2011).

Víctor Jiménez
Al pie de la letra (2011).

Álex Chico
Dimensión de la frontera (2011).

Juan Manuel Macías
Cantigas y cárceles (2011).

Fernando López de Artieta
Grosso modo (2011).

Antonio García Barbeito
Cancionero íntimo (2011).

Laura Campmany
El ángel fumador (2012).

Fernando Sanmartín
El llanto de los boxeadores (2012).

Raúl Pizarro
Lo único que importa (2012).

Juan María Calles
La música del aire (2012).

Elena Román
Será genealogía (2012).

Ana Llurba
Este es el momento exacto en que el tiempo empieza a correr (2015).

Tadeusz Dąbrowski
Te Deum (2016).

Orlando González Esteva
Las voces de los muertos (2016).

Itziar Mínguez Arnáiz
Que viene el lobo (2016).

Olga Bernad
Perros de noviembre (2016).

Julio César Galán
El primer día (2016).

Felipe García Quintero
Cavado (Hasta el silencio) (2016).

Mauricio Molina Delgado
Treinta y seis daguerrotipos de Diotima desnuda (2016).

Carlos Cortés
Festín en época de peste (2016).

Begoña M. Rueda
Princesa Leia (2016)

Isabella Leardini
La coinquilina scalza (La inquilina descalza) (2017).

Costas Reúsis
La irrealidad submarina (1993-2015) (2017).

León Molina
Esperando a los pájaros del sur (2017).

José Luis Tejada
Razón de ser (2017).

Osvaldo Sauma
Terapia de locos (2017).

Itziar López Guil
Esta tierra es mía (2017).

José Luis Piquero
Tienes que irte (2017).

Julián Cañizares Mata
Navajazo (2017).

José Daniel García
Noir (2017).

Álvaro Guijarro
Siglo XXIII (2017).

José Luis Gómez Toré
Hotel Europa (2017).

Juan Cobos Wilkins
Donde los ángeles se suicidan (2018).

Fernando Pessoa
35 Sonnets / Sonetos (2018).

Javier Lorenzo Candel
Apártate del sol (2018).

Carlos Lagarriga
La imperfección (2018).

Juan Bello Sánchez
Mi tiempo perdido (2018).

Arturo Tendero
El otro ser (2018).

Sònia Hernández
La quietud de metal (2018).

Enrique Zumalabe Ramblado
La lluvia o la mañana (2018).

José Gutiérrez Román
Todo un temblor (2018).

Daniel Fernández Rodríguez
Las cosas en su sitio (2018).

Karmelo C. Iribarren
Los cien mejores poemas de Karmelo C. Iribarren (2018).

Andrea Bernal
Todo lo contrario a la belleza (2019).

Francisco Gálvez
La vida a ratos (2019).

Néstor Villazón
La culpa colectiva (2019).

César Iglesias
Suena la nieve (2019).

Ángel Petisme
La camisa de Machado (2019).

Julián Cañizares Mata
Cuarenta ciervos invisibles (2020).

José Manuel Benítez Ariza
Realidad (2020).

Miguel Veyrat
Furor & Fulgor (2020).

Pelayo Fueyo
La herida del aire (2020).

Javier Lorenzo Candel
Sin piel (2020).

Óscar Díaz
En el principio era América (2020).

Juan Peña
Yacimiento (2021).

José Luis Gómez Toré
El territorio blanco (2022).

Miguel Floriano
Mapas del vagabundo (2022).

Elena Felíu Arquiola
Anuario (2022).

Diego Medina Poveda
En vecindad, no en compañía (2022).

Eduardo Gregori
Cuaderno de Lucía (2022).

Luis Alemañ Tenas
Cruzar el Rubicón (2022).

Antonio García Barbeito
Athene Noctua (2022).

Julián Cañizares Mata
Setenta saludos (2022).

Carlos Asensio
Astroblema (2022).

Jannet Weeber Brunal
Paisaje suspendido (2022).

Antonio Orihuela
Diles que dije no (2022).

Laura Ramos
*La verdad es que estoy sola y
que estoy ardiendo* (2022).

Miguel Veyrat
La ora azul (2023).

Óscar Díaz
La exacta fantasía (2023).

Eduardo Hilpert
Cardo, decumano (2023).

José Manuel
Camacho Vázquez
El huerto (2023).

Andrés Ortiz Tafur
Traigo noche en los zapatos
(2023).

Álvaro Petit Zarzalejos
*Lograr el amor es alcanzar
a los muertos* (2023).

Elena Felíu Arquiola
Otro amor (2023).

Santos Domínguez
Cuaderno de Italia (2023).

Javier Gato
Conversión de la estatua de sal
(2023).

Sesi García
Ciudad perdida por otra ciudad
(2023).

Julio Mariscal Montes
Cien poemas (2024).

Marc J. Mellado
Esta combustión inalienable
(2024).

Pedro Luis Casanova
Azar ileso (2024).

Margarita Leoz
Caer (2024).